SUR

LES COMPLOTS,

OPINION D'UN PATRIOTE.

SUR

LES COMPLOTS,

OPINION D'UN PATRIOTE.

> Patriotes! quelque inhabile que vous paraisse l'opinion publique, si vous ne lui portez point le respect dû à une souveraine, si vous refusez d'en consacrer les jugemens, que sera devenu votre principe suprême; d'où attendez-vous le triomphe de votre avenir? (Page 23).

Paris.

DAUVIN ET FONTAINE, LIBRAIRES,
PASSAGE DES PANORAMAS, 35.

—

1836.

SUR
LES COMPLOTS.

Si les qualités personnelles de Louis-Philippe, si la haute intelligence de ce monarque ont pu lui attacher assez de dévouement pour l'élever sur le trône, l'indignation qu'inspire les diverses tentatives faites contre sa vie et le caractère élevé qu'il montre dans ces circonstances terribles lui concilieront assez d'intérêt et de sympathie pour qu'il puisse le conserver. Là où s'élève la bannière du crime, il n'y a pas de discussion possible; le salpêtre qu'allume la main d'un assassin, ouvre au milieu des débats un gouffre qui fait peur à toute conscience honnête, et l'autorité, quelle qu'elle soit devient en pareil cas le refuge commun. Dans un pays aussi avancé que le nôtre, les complots ne sauraient avoir pour conséquence que de faire passer dans le camp de la conservation, les patriotes plus exclusivement dévoués à la cause de la liberté;

car si la liberté est chère au génie et à la gloire, le génie et la gloire n'ont que faire des débris de la patrie, ils n'ont que faire de ce fanatisme qui vient les effrayer de l'appui du poignard.

Après ces actes de barbarie, les voix, quelque faibles qu'elles soient, qui ont pris part à la discussion de la chose publique depuis la révolution, celles surtout qui ont appuyé leur opposition sur les principes radicaux d'une régénération politique, ne sauraient se taire sans que leur délicatesse soit exposée à souffrir de leur silence; ce ne sera pas cependant pour repousser cette solidarité coupable dont la fiction amenée par les circonstances et les nécessités oratoires, fut largement déversée sur les écrivains des partis. Le savoir et l'esprit ne se sont pas plus soumis à des inspirations vulgaires qu'associés au bénéfice des gouvernans. Les hommes qui avaient concouru à la révolution, dans leur préoccupation du salut public, se sont trouvés divisés sur les moyens et la question de forme, reste à savoir s'il est honorable pour les plus heureux de jeter l'odieux et le blâme sur les plus fidèles.

S'il est permis à la presse patriote de croire à son influence sur les esprits égarés dont la violence intervient dans la discussion, cette influence ne saurait s'essayer plus à propos et plus volontiers que dans des circonstances où ces enfans de la patrie se déshonorent par des excès. Elle ne saurait être plus flattée, que lorsqu'elle aurait contribué à leur apprendre que de quelque nom que l'on décore une cause, elle ne peut acquérir une supériorité effective, que par la sagesse pratique et la science dont la félicité publique attesterait les résultats. Les plus grands malheurs viennent toujours de l'erreur la plus profonde, et l'erreur la plus condamnable serait de persister dans des voies coupables pour réaliser de bonnes intentions. Mais s'il est de la nature humaine d'errer, c'est au moins le cas de rendre justice au seul moyen de rectifier la pensée, celui de l'opinion générale. Ce principe était l'essence du patriotisme, et telle a été sa puissance, qu'il a dominé en maître la politique et les partis; dira-t-on qui l'a dirigé? Est-ce l'habileté particulière des hommes de la résistance, est-ce la vertu des doctrinaires? les circonstances ont beaucoup fait.

Cependant, si l'opinion publique devait décider de la vérité, il restait après sa manifestation claire et nette à faire abnégation, non-seulement de sa valeur personnelle, mais encore à se désister de toute action directe contre la constitution établie. Le bonheur d'un peuple est toujours relatif à la volonté générale, ou doit être réputé tel. Ce sacrifice est nécessaire au repos du pays, il est indispensable à la bonne foi du patriote; c'est assez pour celui-ci de la conviction profonde d'avoir entrevu plus loin l'avenir de l'humanité, et de lui avoir souhaité un progrès plus rapide vers ses destinées. Ayant la pierre de touche de son époque, sa pensée ne doit plus réagir que dans le champ des améliorations et des réformes successives. Si cet obscur succès ne suffit pas à son zèle, il compromet à la fois la gloire des saines théories et l'avenir des libertés. Telle est, indépendamment des systèmes, la loi morale qui régit les sociétés, que l'autorité gagne en force autant que le patriotisme perd en modération et en dignité, aussi cette monarchie accidentelle, qui a vacillé trois à quatre ans, acceptée seulement comme un pis-aller, par la nation en crainte, a-t-elle acquis depuis les émeutes, et surtout depuis les complots, une probabilité d'existence qu'il serait peu sage de lui contester. Dire comment ce résultat, bon ou mauvais, a eu lieu, ce serait toujours proclamer la moralité de la nation française, son horreur pour les solutions brutales et sa haute appréciation des qualités qui avaient besoin de se produire et de subir l'épreuve des événemens. Non seulement le gouvernement de 1830 a obtenu par la licence des partis une sorte de sanction nationale, mais telle doit être aujourd'hui sa force, que peut-être toute liberté serait vaine, s'il lui plaisait d'en abuser. Ainsi dans les crises révolutionnaires, le propre des pouvoirs royaux est de tomber d'un coup, ou de se voir élever jusqu'à la dictature. Dépendant des émotions bien plus que de la raison sociale et des droits acquis, son sort est d'en subir rapidement les conséquences ; la branche aînée des Bourbons disparaît devant un sentiment général de répugnance parce que son trône a tout l'appui des puissances étrangères, et la race des d'Orléans, dans une position qui fait naître un sentiment contraire, s'élève contre la jalousie de ces mêmes puissances, et le poignard des assassins. C'est en France qu'une révolution devait avoir un résultat semblable, en France, où l'on est jeune encore, où l'enthousiasme et la générosité marchent avant les calculs et la réflexion.

Quelle que soit la cause de l'opinion, elle existe, et quiconque après avoir invoqué cet arbitre refuse de s'y soumettre, ment au pacte qu'il a fait lui-même. Un parti qui n'aurait invoqué un principe qu'à condition de le plier à son propre système aurait cessé d'être dans une direction loyale. Soit que l'opinion se développe d'elle-même, soit qu'elle se manifeste sous vos impressions ou celles des autres, elle porte des jugemens sacrés et sans appel, s'il en était autrement, où donc serait l'ancre de votre navire, où serait même la fin de vos travaux. Au-dessus de l'opinion publique, il y a, il est vrai une raison sociale abstraite, émanation scientifique qui embrasse un horizon plus étendu. Mais l'expérience des temps a fait un lot conditionnel, une terre promise à une civilisation élevée. C'est un ciel dans lequel s'élaborent les germes de l'avenir, et que chaque génération n'atteint qu'avec les périodes successives de son perfectionnement. Quand les révolutions sont encore flagrantes, quand tous les intérêts ont été dissous et compromis, c'est alors qu'il faut arriver avec courage sur la scène du désordre pour y planter aussi haut que possible l'étendard du progrès, c'est alors que le vrai génie descend sur les terres sillonnées de la patrie pour y semer largement les germes de ses observations fécondes. Mais quand la saison de la semence est passée, et qu'une institution, même imparfaite, a poussé des tiges déjà élevées, il est bon que ce qui a pris racine croisse et murisse, et qu'entouré de soins et de respect, il en puisse juger, si la moisson était destinée à tous.

Après la révolution de juillet, et tant que la concurrence a pu être ouverte aux constitutions, j'ai vivement désiré qu'une république pût s'implanter sur notre sol; je l'ai désiré de toute mon âme, je l'ai appelée de toute ma voix; ce n'était point de ma part une opinion hasardée, une inspiration vaporeuse de jeune tête, outre les leçons de la vie commune, j'avais étudié l'histoire, visité les peuples, interrogé les sociétés et les constitutions vivantes. Cette république, il la fallait, c'est ma conviction ; il la fallait surtout pour la jeter dans la balance où pèse le sceptre des potentats du nord, dont l'action mal éteinte, un jour réagira sur nous ; telle était aussi la pensée des plus illustres et des plus dévoués patriotes, pensée, si j'ose le dire, la plus élevée qui ait eu cours durant notre révolution. La France a adopté un gouvernement mixte, un trône héréditaire entouré d'institutions électives et d'une représentation qui peut entrer dans la voie progressive, cette forme profitera-t-elle mieux à la nation? aura-t-elle à la longue une influence avantageuse sur les peuples qui gémissent dans l'esclavage? Il est presque possible ; cela sera si la royauté a le bonheur d'échapper toujours à la séduction des priviléges dont tout pouvoir est naturellement avide, et s'il est donné à la démocratie d'allier ses garanties à une instruction positive et morale ; enfin si par un heureux concours de lumières et de but, ces deux élémens savent s'allier avec la conviction sincère que la vie commune dépend de leurs concessions réciproques. De même que la liberté ne consiste pas précisément dans la république, les institutions démocratiques peuvent ne pas consister absolument dans l'élection du prince, il est possible que deux systèmes qui ont voulu régner exclusivement sur le monde, après en avoir alternativement conquis l'empire, tendant en politique à se réconcilier en faveur de la félicité commune, de même que pour féconder la haine, nous voyons en philosophie l'esprit et la matière reconnaitre aujourd'hui leur dépendance mutuelle. Si nous disions qu'à cet égard notre espérance est conforme à cette concession douteuse, il faut l'avouer, nous trahirions notre pensée, elle est toute comprise dans la soumission à l'opinion générale devant laquelle tout loyal citoyen s'incline, et dans la distinction que nous faisons de cette loi humaine avec les théories d'un ordre plus élevé, mais quelquefois intempestives.

Partout il y a eu des monarchies, partout des républiques ont exercé leur empire; des gouvernemens mixtes ont existé aussi, ces différens symptômes ont passé, ils sont usés comme toutes les inventions humaines, l'éternelle liberté n'a cessé de jeter des rayons de lumière, toujours son règne a été relatif aux mœurs des citoyens, il est cependant juste de reconnaître que dans les monarchies simples, le chef et les créatures absorbaient toutes la somme des avantages, que la civilisation était stationnaire, la domination capricieuse et les peuples malheureux; que sous les gouvernemens mixtes, le bien public et les franchises avaient une extension plus manifeste, et que dans les républiques la gloire et les richesses couronnaient d'ordinaire la constitution. Ces systèmes opposés en apparence ne sont du reste que les différentes périodes d'un tout ; partout l'autorité conserve et centralise, partout les libertés produisent et répandent. Ce sont ici les fonctions relatives de la conscience de l'être et de ses facultés. Le problème politique consiste à faire naître une puissance morale telle que celle qui résulte de longues expériences, et que l'on nomme civilisation ou sagesse publique, elle seule a le pouvoir de discipliner et d'harmoniser ces deux élémens émanés de la conformité des caractères et des passions humaines, si c'est à ce résultat que nos maîtres tendent, puissent leurs intentions être sincères, puissions-nous à tout jamais avoir eu tort en nous opposant à la nouvelle dynastie : le bonheur du pays nous en consolera.

Une observation qui n'a échappé à aucun écrivain politique, c'est que les monarchies s'établissent bien par la violence, mais que les républiques, pour être stables, doivent être le résultat d'un apprentissage progressif et d'une habitude prolongée des mœurs démocratiques. Ces institutions ne sont point l'objet d'une improvisation brusque, cependant elles peuvent faire un pas immense dans la période active d'une révolution, et bien que la république soit incontestablement la période normale, le gouvernement mixte a tout au moins le mérite du progrès qui l'élabore, et doit pour cela accomplir ses phases à l'abri des commotions ; c'est surtout dans les sociétés modernes que le mode d'existence est difficile à changer, parce que les intérêts multipliés s'y enlacent trop fortement pour pouvoir facilement changer de centre. Dans les sociétés antiques, la politique était plus dominée par la logique et l'art, que par des intérêts matériels devenus chez nous d'une importance vitale. Solon débarquait à Athènes avec une constitution démocratique, et cette constitution, par le mérite seul de sa perfection nature, s'identifiait dès le premier jour avec l'opinion du Forum, Lycurgue apportant une conception du genre mixte était reçu dans la cité du Tégée ; et cette organisation mixte balançait à souhait des intérêts qui s'étaient ressentis de la rivalité ; il en était de même lorsque Philippe étendant sur la Macédoine le sceptre de la royauté, la période royale y trouvait ses conditions. Une autre cause à mon avis de la lenteur des solutions politiques dans les sociétés modernes, une cause bien plus importante et moins approfondie, c'est que les peuples modernes, quoique plus instruits généralement, ont cependant les idées beaucoup moins claires, moins logiques. Outre la différence des climats, le moyen-âge, en torturant la pensée par son mysticisme et un mélange confus de dogmes sublimes et d'institutions trompeuses, a jeté dans les sociétés une confusion immense, et engendre un sentiment de défiance qui les attache à ce qui est comme un préservatif contre les déceptions.

Les anciens entendaient mieux que nous la liberté et les conditions des gouvernemens libres; la patrie était pour eux autre chose qu'une association mercantile, où l'on calcule les profits et les pertes, et d'où l'on se retire dès que la balance est défavorable. Ils enseignaient aux jeunes citoyens à se faire une religion et un amour de la chose publique, ils entouraient la majesté du peuple d'un respect aussi grand que celui dont les rois absolus sont l'objet. Mais le peuple pour eux c'était l'ensemble de la nation avec toutes les classes, tous ses intérêts, tous ses souvenirs, toutes ses espérances et toute sa gloire; ils savaient fort bien l'importance des deux élémens monarchique et démocratique, ils n'auraient point cru pouvoir fonder une constitution libre et durable, sans leur en assigner leur part respective. Le peuple y conservait une action plus ou moins directe sur la souveraineté, mais il animait toutes les parties du corps social de son instinct de patriotisme et de vertu. Lysias et Platon savaient que la république périssait si le prince pouvait prétendre à perpétuer son autorité; ils enseignaient aussi que la république serait perdue si le peuple s'ingérait de tout faire et défaire à son gré. Les législateurs antiques étaient moins indifférens que les nôtres sur le danger de la tyrannie; ils savaient avec quel entraînement le peuple se donne à ses créatures, et s'ils lui laissaient désigner les chefs de l'état, ils avaient souvent soin que ces chefs fussent au moins deux, de peur que comme les présidens des états modernes, un chef unique n'aspirât à la royauté. Mais ce qui constituait particulièrement la sagesse et la pondération entre les élémens du prince et du peuple, c'était ces imposans sénats dans lesquels ils concentraient tout ce qu'il y avait de bon et de grand dans les aristocraties, en même temps qu'ils en écartaient tout ce qu'il y avait de vicieux; c'est à ce corps qu'était confié plus particulièrement la liberté et le tabernacle des lois, c'est dans son sein qu'on se plaisait à voir les grands talens, les vertus éminentes concourir au bien de la patrie. Cet esprit durable que nous cherchons dans les races héréditaires des rois et d'une pairie, et que l'imagination se plait à couronner d'une auréole d'immortalité, c'est encore à cette grande image de l'essence de la patrie que les anciens se plaisaient à l'attribuer. Pour se rendre compte de l'esprit séduisant des républiques antiques, de ces utopies, comme disent nos grands députés censitaires, il est important néanmoins d'approfondir entièrement le mécanisme de ces institutions, et de ne pas croire avec les amis de la liberté encore dans l'ignorance, que tout y marchait aussi admirablement parcé qu'une constitution de suffrages y était écrite sur la pierre et sur le bronze; une erreur vulgaire, erreur qui n'a pas peu contribué à jeter l'anarchie là où l'ordre devait régner, c'est de croire qu'à Rome, Venise ou Lacédémone, les conditions étaient homogènes. Dans ces républiques, mieux que chez nous, l'état social était distinct du droit politique; des aristocraties y existaient non-seulement sans obstacles, mais encore sans jalousie, parce que n'ayant d'autres privilèges que ceux qu'elles empruntaient à leur propre essence, le peuple en les alliant par les élections sénatoriales pouvait y trouver les avantages de l'instruction, de l'indépendance et souvent les traditions de services réels. Ces aristocraties elles-mêmes ne portaient point en elles, comme les modernes, le germe de dissolution et de servitude qui résulte de leur plus ou moins de quartiers de noblesse; de leur titre de plus ou moins de valeur idéale, qui les classe en une hiérarchie native de gens qui se déversent les faveurs et le mépris, depuis les degrés du trône jusqu'à la dernière chevalerie, et ne sont unis entre eux que pour s'isoler du peuple et l'opprimer. Le niveau de l'égalité est passé sur les têtes patriciennes, et celles qui arrivaient au pouvoir et à la magistrature n'avaient d'autres titres à acquérir que ceux qui dépendaient des services rendus à la chose publique. Erreur aussi que de croire que la fortune et les talens n'exerçaient pas une influence, une pondération considérable dans les sociétés antiques; s'il en eût été ainsi où donc aurait été le but d'extension, le stimulant du progrès industriel de la gloire, de la vertu et des sciences? Ces gouvernemens n'étaient point faits avec d'autres élémens que les nôtres, mais la moralité politique y était meilleure que parmi nous, l'enseignement y était simple et solide, apprenant à aimer le beau et le bon dans tous les genres, à apprécier les qualités morales qui toujours planaient hautement sur les avantages inférieurs. La pauvreté avait sa place dans l'estime publique, quand elle était accompagnée de la vertu, et un Cincinnatus occupé de la culture de sa terre devenait l'objet d'honneurs qu'un Crassus aurait eu plus de peine à obtenir. Nous n'entrons dans les digressions rapides sur les républiques modèles, que pour y découvrir à la fois les difficultés de leur établissement et les vertus par lesquelles les citoyens se rendaient dignes de ce gouvernement, et en maintenaient la glorieuse existence.

Ce qu'il y avait de puissamment constituant dans les états de l'antiquité était donc l'esprit non moins que la forme : l'esprit des citoyens dirigé au bien de la patrie, la religion, l'amour ayant pour objet la patrie, enfin le respect et le dévouement aux lois sacrées de la patrie. La solution la plus utile à la science politique serait sans doute celle du problême qui a pu changer en égoïsme cette religion de l'homme aux hommes, ce sacrifice de l'individu à ses semblables, cette soumission de la partie au tout qui constitue la société normale et donne un si haut lustre à la civilisation antique. Ce problême, on pourrait le résoudre; on pourrait dire comment les peuples ont pu descendre par la voie du désespoir de ces sentimens élevés qui leur faisaient préférer à eux-mêmes tout ce qu'il y avait de grand et de généreux dans le dévouement personnel et dans les croyances, à l'immortalité que donnent les vertus

De nos jours la forme et le pacte gouvernemental ne sont pas non plus la partie éminemment constituante. Les mœurs et les habitudes ont de tout temps été régies par des lois supérieures à toute lettre. Le pays moderne de l'Europe où l'on sait mieux la politique, est incontestablement l'Angleterre; rien de plus rare cependant que la connaissance et la citation de sa grande charte. L'esprit de liberté y régne et se développe progressivement par là-dessus comme une sorte de bon sens infaillible, et atteste journellement l'excellent l'usage que l'on en sait faire. Si le peuple anglais jouit déjà de grandes libertés politiques, et il en jouit quoiqu'on en dise, et malgré qu'il ait encore sa pairie héréditaire et son paupérisme, ce peuple en est parfaitement digne. C'est là seulement, dans notre hémisphère, que l'intelligence et la sagesse de la multitude se montrent égales, et qu'un peuple réuni peut et sait dignement faire ressortir la connaissance de son droit sans rien perdre de son respect pour la loi régnante ou la chose jugée. Les associations et les discussions de la place publique, qui sont l'expression la plus large des franchises d'une nation, s'exercent en Angleterre avec tout le développement possible, sans que jamais l'abus le déshonore. C'est dans leurs *meetings*, dans leurs *debating-societies* qu'il faut voir combien les Anglais, réputés parmi nous lourds et flegmatiques, se distinguent non-seulement en intelligence positive des droits et des intérêts, mais aussi par l'énergie du caractère au-dessus de laquelle ne cesse de régner la soumission aux lois, cette vertu éminente du citoyen qui nous le montre au-dessus des passions destructives. Ces réunions politiques faites sans nul obstacle, à jour fixe, et auxquelles se trouvent des milliers de citoyens de toute classe, celles improvisées quelquefois sur une place publique, sous le nom de *husting*, sont une tradition admirable qui nous rappelle la mâle éloquence des républiques antiques. C'est là qu'un O'Connell fait revivre l'école de Démosthène et de Cicéron. Un jour de *husting* des voitures sont amenées, des tréteaux s'élèvent, des orateurs paraissent, la foule s'empresse, se heurte sans querelle, le silence s'établit, on écoute. Il s'agit d'une affaire de circonstance, du droit du peuple menacé, d'une réforme à obtenir; l'on applaudit quelquefois, l'on murmure rarement, et l'on donne son suffrage en élevant la main; ou bien on se retire sans tumulte pour signer immédiatement une délibération sur l'objet dont il s'agit, et cette délibération soumise respectueusement soit aux chambres, soit au gouvernement, a souvent une heureuse influence; car, de leur côté, les chambres et le gouvernement savent ce qu'ils doivent d'égards à la pensée et à la volonté d'un peuple qui procède avec sagesse. La moralité politique du peuple et du gouvernement en Angleterre, mérite autant d'être approfondie qu'imitée. Les causes qui en font pour ce pays un avantage sur le nôtre, auraient besoin d'être étudiées et mises à découvert. En Allemagne, en Suisse, en Amérique, et partout où la réforme religieuse a passé, on trouve le même caractère de probité et de modération. On y trouve en même temps la pratique cordiale des croyances, parce que les croyances n'ont rien d'absurde et d'odieux.

Ce n'est qu'à force de nous appliquer profondément aux qualités que le citoyen doit posséder, que nous parviendrons à émanciper notre patrie, et à élever par-dessus cette monarchie la voûte d'un édifice pour lequel toutefois elle paraît être encore le cintre indispensable. La liberté, pour se soutenir et marcher, a besoin aussi de se pénétrer de l'exposé des lois morales qui unissent Dieu à la conscience de l'homme, dont la traduction légale constitue toute bonne société. Mais si une religion droite et pure est nécessaire au citoyen pour relever sa dignité, et l'animer à bien faire; les gouvernans de leur côté, doivent se faire un devoir de réfléchir sur l'interprétation qu'ils donneront ou plutôt qu'ils voudront que l'on donne à leurs invocations nouvelles de la Providence. Il y a une religion que les potentats préfèrent à toutes les autres, parce qu'elle est un levier plus long pour peser sur l'intelligence des peuples : une religion vraiment royale, monarchique, religion à investiture, mais auxiliaire aussi dangereux par ses appâts pour les têtes couronnées que par le discrédit dans lequel elle est tombée aux yeux des hommes raisonnables. Du jour où ils se seraient jetés dans ses bras prostitués à toute puissance, la nation saurait ce qu'elle doit penser et faire. Jusqu'alors, jusqu'au jour où toute liberté soit de conscience, soit de manifestation intellectuelle, n'est point entravée par une tyrannie évidente, le devoir et l'intérêt de tout homme de bien sont de porter respect à l'autorité existante, et de se pénétrer de cette vérité, que la liberté veut être sans tache; qu'elle est progressive et conditionnelle; que les gouvernemens libres grandissent avec la saison des âges pour une culture régulière, et ne s'improvisent pas contre le gré d'un pays encore inhabile. Toute révolte qui ne porte pas en elle les causes vraies et tous les élémens d'une révolution, c'est-à-dire qui n'est pas l'expression largement concertée d'un mécontentement assez général pour en assurer la réussite, est un coup de hache donné à l'arbre croissant de la liberté. Elle ne fait que compromettre la tranquillité publique, le commerce, la vie des citoyens. La guerre civile, cette guerre qu'une jeunesse imprudente est si avide d'amener à la porte de tout le monde, n'a jamais rien constitué; et comment constituerait-elle? son élément est la destruction. Si vous voulez être assez fort contre le pouvoir, et plus fort qu'une tyrannie, élevez en présence des institutions défectueuses une autorité morale capable de fixer les regards sur vous avec avantage, et d'inspirer la confiance; préparez dans les mœurs et les esprits ce que vous désirez voir passer dans les lois.

Jusque là que les patriotes se gardent de rejeter et de nier la sanction générale. Quoique cette sanction n'ait pas subi un mode rationel, elle est effective. Le pays n'a pas parlé, mais ces nécessités ont décidé de la confiance, et dans sa confiance résident ses intérêts. Quelque inhabile que vous paraisse l'opinion, si vous ne lui portez point le respect dû à une souveraine, si vous refusez de consacrer ses jugemens, que sera devenu votre principe suprême, d'où attendrez-vous le triomphe de votre avenir? Le pays a, nous ne dirons pas voulu, mais veut son gouvernement constitutionnel, et ce gouvernement est un abri qui suffit à ses nécessités présentes et à ses désirs. Il y a plus encore, il aime et estime la dynastie qui a remplacé celle pour laquelle il éprouvait une haine involontaire. Ce n'est pas nous qui avons fait cela, ce n'est pas qui nous l'avons souhaité, nous nous y sommes au contraire opposés de toutes nos forces. Et quel motif aurions-nous eu de le faire? Dans une révolution subite, quel bon esprit pouvait logiquement croire que cette révolution eût pour objet de changer une dynastie, et en prévoir une issue favorable? qui pouvait nous persuader par des paroles qu'un monarque vaudrait mieux que l'autre? Les amis de Louis-Philippe ont fait violence à la nation dans leur confiance sans bornes aux bonnes dispositions de ce prince, les circonstances ont amené la confiance et favorisé leur œuvre, et cette œuvre n'est pas de celles qu'un pays peut recommencer souvent sans pertes. Les hommes de l'opposition radicale placés entre cette sanction significative et la honte des complots qui dénotent que la liberté n'est pas encore assez comprise des masses, ne peuvent pas en ce moment et ne doivent jamais rester dans une position équivoque. Il faut que, s'honorant de rendre justice à ce que leurs adversaires ont fait d'heureux et d'utile, ils acceptent aussi la constitution de fait auxquels les intérêts du pays se sont groupés, et qu'ils concentrent leur dévouement et leur activité contre les chances d'une tyrannie possible. La liberté étant principalement dans l'esprit des institutions et l'excellence des citoyens, comme nous l'avons dit, la tâche du patriote est encore vaste et honorable. D'immenses devoirs sont réservés à son zèle, soit qu'il persiste dans la carrière politique, soit qu'il croie devoir s'en abstenir. Dans la représentation nationale, dans les conseils des départemens, dans la littérature, la culture, les arts, le commerce, l'instruction, partout il peut voir sa loyauté et sa franchise, faire rechercher ses lumières et son appui; partout il peut concourir à cet entraînement que notre révolution a imprimé aux améliorations matérielles et morales qui sont les élémens positifs d'un bon avenir. D'ailleurs, si la tranquillité publique exige que la constitution présente soit mise hors de discussion, même qu'elle soit franchement adoptée, la confiance de la nation a besoin d'hommes disposés sans cesse à la résistance;

c'est sur la garantie de cette disposition virile que tous les peuples libres placent leurs institutions.

Si les considérations morales les plus élevées réprouvent les moyens violens, dans tout pays non asservi au despotisme, les considérations politiques les plus simples démontrent que tel qu'est organisé le gouvernement actuel en France, la réussite d'un attentat contre la vie du roi n'aurait aucun bon résultat probable. Quand vous entendez les courtisans s'évertuer à dire dans les chambres et sous les yeux mêmes du prince que le pays serait perdu, bouleversé de fond en comble par cet accident déplorable, vous entendez une basse flatterie et l'expression d'une maladresse et d'une ignorance insigne. Si le roi succombait à un acte de fanatisme, les conséquences politiques ne seraient point différentes de celles qui répondraient à une mort naturelle. L'un des deux grands partis n'y trouverait qu'une lâche vengeance, l'autre ne pourrait ni n'oserait s'emparer subitement de l'héritage d'un assassinat. Ceux qui croient le contraire se trompent; ce n'est pas seulement avec la personne et l'autorité de Louis-Philippe que les autres pouvoirs et importances de l'état ont fait une alliance cimentée par des intérêts communs, ils l'ont faite aussi avec son successeur que rien ne réprouve en particulier, et cela doit durer jusqu'à ce que cette royauté tombant, l'énivrement qui produit d'ordinaire la tyrannie monarchique, le mécontement jeterait dans la nation les élémens d'une révolution complète. Les tueurs qui prétendent se faire un piédestal de leur instruction classique se comparent avec complaisance à Brutus, et le Brutus romain peut encore en effet être un beau modèle d'énergie physique, mais encore faudrait-il que le prince à égorger fût un César qui aurait passé le Rubicon en armes pour asservir sa patrie. A cette condition, c'était Napoléon qu'il fallait tuer et jeter après des fleurs sur sa tombe, mais pour Louis-Philippe, ce n'est pas lui qui s'est fait ce qu'il est.

Cette dynastie, dira-t-on sans cesse, n'est fondée sur aucun principe rationel ni de légitimité, ni d'ambition nationale. Cette allégation sera vraie à tout jamais, on ne peut pas mentir à l'histoire contemporaine. Mais la légitimité, vulgairement dit, n'a d'autre principe que la durée qui a soumis les intérêts et les habitudes à son existence ; et les intérêts et les habitudes ont été acquis à la nouvelle race en six années qui sont autant de siècles mesurés aux événemens. Quant à l'élection nationale, l'ensemble des choses autorise à dire et tout bon politique adoptera que la non opposition du pays, la tranquillité dont il a besoin, doivent aujourd'hui en tenir lieu. La nation n'a pas parlé, elle ne peut pas parler encore, elle n'a pas choisi, elle ne sait pas choisir encore; elle s'est donnée aux conditions d'aller sans danger dans la voie de son progrès et par une conformité instinctive et tacite entre ses vœux et les événemens. S'il est permis de tirer une conjecture théorique de ces faits, c'est que le choix des chefs de l'état est devenu de nos jours un sujet beaucoup moins vital, et que le pays, par un acheminement vers la prospérité et le perfectionnement intérieur, tend à vivre de sa propre vie, et à trouver un jour dans les simples fécondations de sa propre nature, un gouvernement émané de la souveraineté collective.

Le but de cet opuscule ne peut échapper à personne. Les circonstances dans lesquelles nous écrivons, la nécessité de calmer l'esprit irrité des partis rendra compte de notre silence sur les fautes par lesquelles le gouvernement a pu jeter le désespoir dans l'ame de jeunes patriotes mus seulement par les sentimens dangereux de l'amour et de la haine. Après avoir fait violence aux associations, lorsqu'il fallait les discipliner; après avoir flétri le jury français lorsqu'il fallait aider cette constitution à grandir pour les garanties libérales les plus précises; après les lois de septembre, novembre et tant d'actes non du prince, mais du zèle aveugle dont l'égoïsme accumule sur sa tête une responsabilité si dangereuse, les sociétés secrètes, les complots devaient naturellement avoir lieu, puisse l'esprit de conciliation que le gouvernement a invoqué se montrer dans les actes comme dans les paroles; puisse l'autorité dont la police exploite si bien ce qui est au désavantage des patriotes avoir le courage de connaître tout ce que leurs phalanges renferment de nobles caractères et de probité! Puisse-t-il s'assurer que dans les prisons mêmes et dans les terres de l'exil où gémissent ces trop courageux combattans de l'émeute, il y a des hommes, beaucoup d'hommes, qui ne faillirent que par un excès de dévouement à la patrie, et qui sauraient apprécier la générosité d'une amnistie. Ces patriotes à qui le malheur ne peut ôter la dignité ne solliciteront pas les formalités d'une grâce; mais si cette grâce s'offrait digne d'eux, c'est-à-dire généreuse, ces citoyens revenus au sein des masses, sous la garantie de l'honneur, y apporteraient leur patriotisme sans doute, mais un patriotisme épuré par l'expérience et l'infortune, leur reconnaissance inséparable de nobles cœurs, encore qu'elle ne puisse s'avouer dans leur position présente, fonderait infailliblement parmi les hommes du peuple une école vivante de modération et de bon sens.

Des devoirs restent remplir de part et d'autre. Au milieu de la tranquillité publique, chacun peut être amené à leur accomplissement et à cette conciliation que tout le monde désire pour faire de la France une nation puissante et prospère. Quant à moi je serai toujours pour la liberté contre la tyrannie, et pour l'autorité contre les excès de la licence : la liberté pour féconder et produire, l'autorité pour conserver et administrer. Voilà, je pense, les régles rationelles de toute bonne société.

FRANCISQUE BOUVET.

FIN.

IMPRIMERIE DE BEAULÉ ET JUBIN,
Rue du Monceau-Saint-Gervais, 8.

www.ingramcontent.com/pod-product-compliance
Ingram Content Group UK Ltd.
Pitfield, Milton Keynes, MK11 3LW, UK
UKHW032024260826
14628UKWH00006B/2710

9 782013 258692